AF357259

REMARQUES
SUR
LA LETTRE
DE M. GRIMM.

REMARQUES

AU SUJET

DE LA LETTRE

DE

M. GRIMM

SUR

OMPHALE.

A PARIS,

M. DCC. LII.

REMARQUES

AU SUJET

DE LA LETTRE

DE M. GRIMM

SUR

OMPHALE.

QUEL plaisir n'avez-vous pas fait au Public, Monsieur, de lui montrer la foiblesse de ses idées sur la Musique. Vous allez jusqu'aux vérités les plus déliées & les plus hardies, mais qui laiffent encore un nuage derriere elles. Je ne m'en ferois point apperçu, fi je n'avois fuivi le confeil de l'Auteur du Mercure de ce mois, qui *exhorte ceux qui ne vous auront pas lu de vous lire, & ceux qui vous auront lu de vous relire.*

Je ne veux point ici renouveller la queftion d'Omphale. Je ferois obligé de vous parcourir ligne par ligne ; & je n'aurois pas le tems de vous dire un mot de ce que vous appellez *Mufique par excellence.*

Vous répandez beaucoup d'agrémens fur les différens éloges que vous faites de M. Rameau ; ils font fi ingénieufement placés , que le Public de toute autre part auroit regardé comme une fadeur & une affectation marquée , les titres pom-

(7)

peux dont vous le décorez. J'admire
comme vous ce grand Artiste : mais
je ne fuis plus de votre avis, quand
vous ferez vos efforts pour nous
perfuader qu'il eft créateur, lorfqu'il
n'eft qu'imitateur ; & lorfqu'il eft
vraiment créateur, ne l'avoir point
démontré, c'eft le forcer à fe plain-
dre de vous, malgré ce beau zéle
qui vous infpire.

Qui dit créateur d'un genre fu-
blime en France *, ne fuppofe pas   * Platée.
que dans d'autres pays on ait à peu
près fait les mêmes chofes. Le genre
de la Mufique de Platée n'eft point
nouveau, tous les Operas bouffons
d'Italie tiennent fort à ce genre.
Si c'eft par le coaffement des gré-
nouilles que vous l'appellez original, ceux-ci font hennir des che-
vaux, & miauler des chats ; & par

A iv

une singularité plus marquée, met-
tent en Musique une ordonnance de
Médecine *. Le caractere de la Mu_
sique de Plátée, est un caractere
bouffon & *non sublime*, (deux cho-
ses assurement très-incompatibles.)
Voilà ce qui le désigne, nous con-
noissions cela avant Platée; vous
voyez, Monsieur, que ce n'est
point être créateur, mais imitateur.

M. Rameau est le premier qui
ait imaginé le système de la Basse
fondamentale. Il nous a de plus
enrichi de son propre goût; le voilà
deux fois créateur, c'est peut-être
cela que vous avez voulu dire.

Je lis avec plaisir l'éloge que vous
faites du Récitatif Italien; mais il

---

* Recipe triginta viginta quinquaginta sexa-
ginta lumacas amaras & ravana rara misce con
borgogna.

ne fuffit pas de dire qu'il *eſt ſubli-me, que rien n'eſt au-deſſus de ſa vérité, qu'il marche avec pompe & majeſté dans la Tragédie.* Il falloit plutôt le définir, que de l'habiller ſi magnifiquement. On ne tient point compte des louanges dans un pays, où elles font ſi fort à la mode.

Le Récitatif Italien ferme dans ſa marche ; donne à chaque ſenti-ment, le tems à l'Orqueſtre de lui faciliter ſes tranſitions de ton, & par ce moyen évite les cadences fi-nales, & ne connoît ſouvent de re-pos qu'à la fin du Récit. L'Orqueſtre n'obſcurcit point la déclamation de l'Acteur, par un tas d'accords ; mais à chaques différentes expreſſions lui confirme le même ſentiment, par une nouvelle façon de l'exprimer.

Voilà ce qui le rend fufceptible de variété.

Le Récitatif François, dites-vous Monfieur, *eft par fon genre trifte, lent, monotone.* La critique n'eft pas mieux reçue que les éloges, quand on ne prouve rien.

Le Récitatif François eft *lent,* parcequ'il a le malheur d'être chanté avec des agrémens , & que l'on y met plus de ports de voix, que de vraie déclamation : ce qui fait languir l'Auditeur, par la lenteur de l'expreffion. Il eft *monotone,* parceque c'eft la mélodie qui le décore, & cette mélodie appelle fouvent des cadences finales , qui ne peuvent être que les mêmes à l'oreille : & qui par ce moyen ont un ton d'uniformité qui rend le tout monotone.

Le Récitatif ou la Méloppée des Anciens, pouvoit être une espéce de déclamation fimple & naturelle, qui n'avoit aucun caractere mélodieux : mais qui empruntoit de la mélodie, ce qui pouvoit lui fervir pour le faire paffer fucceffivement, par les différens fons analogues au vrai ton de la déclamation.

Vous craignez que l'on ne vous objecte, Monfieur, que le Récitatif n'eft point écouté en Italie. Ne dites point pour raifons , *qu'il y a des* (P. 10.) *gens à qui vous voudriez défendre d'écouter la Mufique des Pergolefi , des Buranelli , des Adolphati ;* c'eft dire , qu'il y a des organes engourdis , dans ce pays-là comme dans celui-ci. Peut-être que l'on peut donner une raifon plus

naturelle & plus à la faveur du Récitatif.

Ce font prefque toujours les mêmes perfonnes qui vont à l'Opera ,
le Récitatif eft toujours écouté les
cinq ou fix premieres repréfenta-
tions, la répétition des chofes qui
ont un caractere férieux ne peut fixer plus long-tems : l'Opera ne dure
que pendant le Carnaval : c'eft un
tems confacré à la diffipation & à
la liberté. On ne manque point en
Italie comme en France de cabaliftes
fanatiques, ou de frédonneurs im-
pitoyables ; avec cette différence que
l'ufage ne permet point de garde
militaire pour réprimer leur fatuité.
Le Récitatif fe trouve la victime de
l'abus & des circonftances ; mais on
ne doit point pour cela conclure

contre lui de ce qu'il n'eſt point écouté.

Je prends la liberté de vous dire qu'Adolphati eſt mal-placé dans votre citation de Pergoleſi, de Buranelli ; c'eſt comme ſi l'on citoit Lulli, Rameau, avec un Compoſiteur médiocre : c'eſt peu reſpecter leur célébrité que de les confondre ſi légérement. Haſſe, dit le Saxon *, auroit mieux figuré à ſa place.

* Haſſe, Compoſiteur de l'Opera du Roi de Pologne, Electeur de Saxe, eſt reconnu par toute l'Italie pour le génie le plus fécond & le plus heureux qui ait exiſté, ſur-tout pour la Muſique de Théatre. A quarante-huit ans il avoit mis en Muſique cinquante-quatre Operas. C'eſt le ſeul étranger dont les Italiens ſe font gloire d'exécuter la Muſique. Il eſt ſi fort chéri dans l'Italie, ce berceau des Arts, que les entrepreneurs ont fait l'impoſſible pour l'y fixer. Mais il eſt attaché au ſervice d'un Prince, qui ne regardera jamais comme un

Vous célébrez un *Philosophe qui a osé, avec une hardiesse* (P. 37.) *digne de lui, admirer ses contemporains & ses compatriotes*, &c. de tels sentimens font l'éloge de votre Philosophe ; mais, Monsieur, ne faites-vous pas précisément le contraire. Hasse, dit le Saxon, est assurément votre contemporain & votre compatriote ; & vous admirez Adolphati. Je suis très-persuadé que ce n'est point par *défauts de lumieres*, que vous l'avez oublié dans la liste générale, qui est à la fin de votre Lettre. Mais on sera surpris de vous voir étaler de si belles maximes, sans en faire usage.

malheur, de régner ¶ , puisqu'il est juste, & qu'il fait le bonheur de ses Sujets.

¶ Page 52. en parlant du Roi de Prusse : Et le ciel pour le dédommager *du malheur qu'il a de régner.*

(15)

Hendel eſt auſſi Saxon ; & j'ai
beau chercher ſon numero, je ne
le trouve point : ces deux grands
Maîtres ſont en droit de vous citer
au tribunal de votre Philoſophe.

(P. 40.) L'Ariette eſt ſi belle,
qu'elle plaît généralement à toute
l'Europe. Elle n'eſt point réduite à
folâtrer éternellement, comme l'A-
riette Françoiſe autour d'un *lance,*
vole, chaîne, ramage. Quelle eſt la
cauſe de cette fécondité ? C'eſt ce
que j'aurois ſouhaité que vous euſ-
ſiez défini, plutôt que de nous dire
qu'elle eſt *couverte de toute la ri-*
cheſſe d'un luxe rafiné, & qu'elle
cache ſes défauts ſous la ſplendeur
de ſa parure. Si la richeſſe de votre
ſtyle nous donnoit la moindre idée
de l'Ariette, j'applaudirois le premier à la fécondité de vos images;

mais dans un ouvrage , où le Public avide de raifons auroit voulu quelques détails , cela ne fuffit pas.

L'Ariette Italienne a eu anciennement fes défauts. Un feul mot varié plufieurs fois faifoit tout fon mérite. L'efprit , par l'adreffe & la vivacité de l'exécution , y trouvoit feul fon comte ; le fentiment n'étoit point fon objet. Mais le fameux Bernachi imagina qu'il falloit des regles à cette partie brillante de la mufique. Il ofa le premier tenter ce projet à Boulogne : il réuffit. De même Mainard s'apperçut le premier que le croifieme vers devoit avoir un fens fini, ou repos dans la ftance : les bons efprits fuivirent ce modelle. Maigret fut le premier qui , en imitant la Sophonisbe du Triffino , introduifit

la

la regle des trois unités dans la Tragédie : les gens de bon goût en fen-
tent la neceffité ; ce font des chofes
renfermées, pour ainfi dire, dans une
bordure bien décorée par fa forme.
Ainfi s'eft comporté le fameux Bernachi : ¶ il a placé le mineur entre deux majeurs * , & a fait repeter
le premier & principal motif de

¶ Bernachi n'étoit point Compofiteur, mais
il étoit Chanteur célébre ; il conçut ce projet,
& il a été mis en ufage par Porpora, Bonon-
cini , &c. ce qui fait voir que les grands
Compofiteurs ne peuvent tout entrevoir, &
combien ils devroient être attentifs aux bons
avis qu'on leur donne.

* Ce que j'ai dit mineur, n'eft fouvent que
correlation de ton. C'eft à l'habilleté du Compofiteur de chercher la correlation relative au
fujet, & qui entre le mieux dans le majeur.
Le mineur ou correlation change toujours de
mouvement, c'eft-à-dire, que fi le majeur eft
C le mineur fera $\frac{3}{4}$ lent , & reprend le majeur
C : c'eft ce qui fait l'ombre au tableau

B

chant par différentes tranfitions de ton , afin que l'oreille faififfe mieux, par cette repetition , le caractère des penfées de la mufique. (Le celebre Abbé Métaftafio a été obligé de fe conformer à ces loix.) Les Muficiens Italiens placent tous dans cette bordure les heureufes productions de leur genie ; fouvent infpirés par des traits d'amour , de haine , de fureur, de defefpoir ; toutes les paffions peuvent y entrer. Voilà , fans doute, ce qui affure à l'Ariette Italienne la fuperiorité fur l'Ariette Françoife.

(P. 35.) C'eft aux Philofophes & aux Gens de Lettres que la nation doit, même fans s'en douter fon goût, depuis peu devenu général pour la bonne Mufique, ainfi que pour les beaux arts. (P. 36.) En fait de goût la Cour donne à la nation des modes , & les Philofophes des loix.

Eſt-ce ce goût pour les arts depuis peu devenu général par le ſecours de vos Philoſophes, qui fait preferer aujourd'hui des Magots de la Chine, des vaſes de fragile porcelaine, aux bronzes antiques qui decoroient avec majeſté nos appartemens? Sont-ce ces mêmes loix qui font preferer aujour-d'hui des papiers des Indes, des eſtampes enluminées, à des tableaux de grands maîtres? La muſique, à la vérité, ſemble avoir reçu de nos jours quelque augmentation en France; mais ce n'eſt point du côté du goût: ne confondez point le goût avec la ſechereſſe du calcul, les princi-pes ſont mieux connus & mieux demontrés; mais le goût eſt dans le genie du Muſicien & tous les Phi-loſophes du monde ne lui feroient pas faire de bonne muſique, s'il n'a

B ij

reçu un don particulier de la nature.
M. de Voltaire a dit très-ingenieu-
fement, « qu'on a accablé prefque
» tous les arts d'un nombre prodi-
» gieux de regles, dont la plûpart
» font inutiles ou fauffes. Nous trou-
» vons partout des leçons ; mais bien
» peu d'exemples. Car rien n'eft plus
» aifé que de parler d'un ton de maî-
» tre des chofes qu'on ne peut exécu-
» ter. » L'Italie doit fes progrès dans
tous les arts, & fur-tout dans la mufique, à l'émulation, & au grand
nombre de modelles qui font
fous leurs yeux. Les Philofophes
n'ont pas grand credit pour les arts
dans ce pays-là. La mufique femble
avoir fixé fon fejour à Naples, où
mille jeunes gens, réunis dans plufieurs Académies, cultivent les heureux dons de la nature : c'est là que

(21)

dès en naissant, ils se disputent à
l'envi l'art d'éterniser leur nom :
c'est de là que sont sortis tous les
fameux Musiciens, comme Leo,
Vinci, Taradellas, Pulli, Hasse,
Joumella, & cent autres : la pratique,
le goût naturel & l'émulation ont
formé ces grands maîtres. C'est - là
précisément ce qui nous manque : où
il n'y a point d'émulation, il n'y a
point de talent. Louis XIV. a voulu
des peintres & des sculpteurs ; il a
établi une Académie, qui subsiste
encore, * & qui peut compter par-

* Monsieur de Tournehem a fait revivre les
anciens droits & priviléges de l'Académie de
peinture. Il a assigné des pensions à de jeunes
éléves, qui, réunis sous un Professeur célébre,
ont l'avantage d'être animés par l'émulation.
Les honneurs & les pensions qu'il a fait obte-
nir aux plus habiles Maîtres, sont des témoi-
gnages vivans de son amour pour les Arts,
dont il étoit protecteur. M. de Tournehem a
plus fait dans un jour, que n'en feroient tous
vos Philosophes pendant dix ans.

mi ſes membres des ſujets qui l'hon-
norent. Quand on voudra de vraie
muſique en France, on ſera obligé
de faire les mêmes établiſſemens.

(P 37.) *Le tems n'eſt point éloi-*
gné, dites-vous, *où le public en Fran-*
ce apprendra l'art d'écouter. Que
veut dire l'*art d'écouter*? il n'y a aucun
ſpectacle en Europe où il regne plus
de décence qu'à l'Opera, & point de
nation plus attentive, ſoit pour la
muſique ou pour le Poëme que la
nation Françoiſe. Ce grand *art d'é-*
couter eſt ſi fort négligé en Italie,
que les gens de bon goût s'en plai-
gnent ouvertement. Je me plaindrois
que l'*art* de comprendre eſt négligé
de bien de gens, puiſqu'ils regar-

dent la déclamation comme une cho-
fe de peu d'importance dans nos
tragédies liriques.

(P. 38.) *C'eſt alors que le Public ne
nomera plus dans un Acteur expreſſion
de chant , ce qui n'eſt que jeu outré ,
effort de poumons , un geſte de bras
ou un mouvement de baguette.* On
voit par cette propoſition que vous
voulez répandre un vernis ridicule
fur les Acteurs , que la nation chérit
le plus par la vérité de leurs talens.
Les Poëmes mis en Muſique par M.
de Lulli , ne pourroient s'exécuter
fans ces talens que vous affectez
de méprifer. Nous en connoiſſons
le prix, & nous voyons avec regret
des fêtes , des ballets occuper éternellement notre Théâtre : c'eſt comme vous dites fort bien (P. 39.)
s'occuper de l'ornement de ſes che-

minées , fans s'occuper du portail de fa maifon.

Mademoifelle Fel , qui avec la même hardieffe a ofé donner une ex- preffion originale à la Mufique Ita- lienne , &c. Il ne faut point être timide pour avoir formé ce projet ; & fi cela eft , vraifemblablement les Italiens feront leur profit de cet- te découverte.

(P. 49. 50. 51. 52.) Le nombre de gens que vous citez & que vous grouppez fingulierement , refpire toute la licence de ce beau feu poëtique qui vous tranfporte. Ce- lui-ci vous *féduit par l'expreffion :* celui-là vous *fait trembler & frémir :* l'autre vous *faifit & vous touche.* Enfin l'on vous *charme ,* l'on vous *enchante :* cela fuppofe un tempé- rament fufceptible de bien des impreſſions. Mais puiſque vous êtes ſi bien organiſé , pourquoi ce *violon inimitable ne fait-il que vous diſtraire par ſon jeu patétique* , ſur - tout vous, Monſieur, qui avez (P. 49.) *érigé dans votre cœur un temple à ces mortels privilégiés.* J'aurois eu bien du plaiſir à lire dans votre Lettre juſqu'à quel point la nation ingrate envers un talent ſi ſublime a oſé l'humilier publiquement. C'eſt-là qu'il falloit prendre le ton de vos Philoſophes , & dire que l'amour de ſon talent lui a fait paſſer les Alpes, pour chercher un maître digne de lui. C'eſt la Muſique de ce Maître qui inſpire de nobles ſenſations. Original en tout, il n'a reçu de loix que celles de ſon génie. La ſublimité de ſes Ouvrages le fait eſtimer de tout homme capable de fentir la vérité. Il a fçu bannir le fard de la Mufique pour fervir la nature. Il eft connu dans toute l'Europe , mais chéri de peu de gens, comme auffi peu de gens ont le bonheur de diftinguer le bruit, d'avec les fentimens & l'expreffion. Tel eft le maître que M. Pagin a fidellement fuivi dans fes études. Il a voulu nous enrichir d'un nouveau genre , & la nation a dédaigné ce que fans doute elle admirera dans d'autres tems. Les étrangers accoutumés à s'enrichir de nos pertes , vouloient l'attirer chez eux : mais un PRINCE, qui dès fa jeuneffe a protégé les Sciences , qui dans la guerre a fçu vaincre, & dans le fein de la paix dont nous jouiffons récompenfe les talens, l'a appellé dans fa Cour, où le vrai mérite

trouve un afyle à l'abri de la ca-
bale.

Je ne crois pas, Monfieur, que
vous puiffiez me fçavoir mauvais
gré, d'avoir hafardé quelques Ré-
flexions fur votre Ouvrage. Je vous
ai abandonné , Omphale ; j'ai *dé-
clamé* comme vous fur le Récitatif
François & Italien. J'ai dit ce que
vous auriez pu dire, fi vous l'euf-
fiez voulu. J'ai loué M. Rameau,
qui eft affurément au - deffus des
louanges ; j'ai évité de le citer trop
fouvent , de peur de paroître *par-
tial*. Je n'ai pas dit un mot de Pig-
malion, parcequ'à moins de préfen-
ter la partition, il eft impoffible
d'enrichir fur vos louanges.

J'ai feulement parlé de Hendel,
de Haffe & de Tartini, parcequ'ils
fe font préfenté d'eux-mêmes, & je

suis très-perſuadé qu'ils en valent bien la peine. Vous avez vos *Dieux* * & moi les *miens*. J'ai l'honneur d'être, Monſieur, avec toute l'eſtime que l'on doit à votre mérite,

* *Le Dieu de la Danſe auprès de l'immortel* ***.

Votre très-humble & très-
obéiſſant Serviteur
D. * * *